日本神話
イザナミ語り

小山茉美

青林堂

序文

『古事記』は、稗田阿礼《ひえだのあれ》が暗誦していたものを、太安万侶《おおのやすまろ》が書き記し、編纂したものと言われています。

もともとは、暗誦していた語りの色のある文章であった可能性があるのですが、漢字だけで記された本文は、意味はつかめたとしても、実際にどのような語として読まれるべきであるのかということについては、諸説あり、なかなか一つに絞り切ることはできず、得てして書き言葉としての文章とされてしまっていることも多いように思われます。そこでは、もともとの、暗誦していた本文の持つ語りの色とは距離があると考えられます。

そうした意味で、どう読むかの確定も難しい原文のまま無理に読む形でなく、意味に基づき、現代語による語りにふさわしい表現で語っていくという試みは、『古事記』の作られた場に立ち会うような体験にいざなってくれるものと思います。『古事記』は、現代のことばでの語りにふさわしい作品であると考えています。

文化庁　国語調査官　鈴木仁也

目次

出遭い

１９８８年（昭和六十三年）３月　インドネシア・バリ島　ウブド村。

車が大きく傾いてしまうほどのデコボコ道。藁葺屋根《わらぶきやね》の庭先を鶏が駆け回り、少し脇道に入ればサルン（腰巻）一枚の女性が水汲みをする。当時のウブドは、まるで昔のバリ絵画そのものの風景でした。

雨季から乾季を迎えるこの時期、雨上がりのぬかるむ畦道《あぜみち》には懐かしい土の匂いが立ち上り、どこまでも広がる柔らかな緑は、たっぷりと水を含んでキラキラと光を放っています。畦道の先には大きな虹の架かる青い空。

「……ボロボロになるって……こういう事を言うのかな？」

１９８０年代はまさにバブル経済成長期。数々のアニメーションがヒットしてアニメ・声優ブームが訪れました。それまで〝声優〟という言葉さえ世の中に存在していなかったのに、私は20歳そこそこで声優として持てはやされ、番組主題歌を歌い、オリジナルレコードも出してコンサートツアーをし、エッセイ集にサイン会、ＴＶドラマにバラエティ、深夜ラジオのＤＪと、本人のあずかり知れない時代のウネリみたいなものに翻弄されていました。今でこそ、それらの仕事は当たり前の世界になりましたが、当時の事務所のスタッフたちは、目新しい仕事内容に戸惑いを見せ、その都度自分自身で対応せざるを得ない心細さがありました。仕事の忙しさに追われて睡眠時間を削る毎日。それが10年近く続いて……いつの間にか不用意な言葉で人を傷付け、傷付けられ、とうとう大切な人にも裏切られて、気付けば周りの世界について行けなくなっていました。人と会っても上手く言葉が出て来ない。無機的に繰り出すエスカレーターが怖くて最初の一足が踏み出せない。それほど神経が擦り切れて……きっと疲れ果てて、それこそ限界、いっぱいいっぱいになっていたのでしょう。気付けばバリ島に飛んでいました。自分で飛行機の切符も買った事のない私が、突然旅に立つ。生まれて初めてのひとり旅でした。

「本当に辛い時って、涙も出ないんだね」

見上げた空に思わずつぶやく。

(……あぶない……涙はさっきからポロポロとこぼれ落ちてる)

ウブドはバリ島のアーティスト村と呼ばれ、インドネシア政府が文化を守る為に長い間文明を入れさせなかったと言われています。村には電話が一台しかなく、観光客目当ての小さな食堂のようなお店が二軒ほどしかありませんでした。村人は人前では一切食べ物を口にしないとかで、食事時の表通りは一層静まり返ります。どうやら人前で性行為をする以上に、食事をする姿を他人に見られるのは恥ずべき事だとされているようです。（※ソフィスティケートされてしまった現在のウブドからは想像もできませんが）

じりじりと照り付ける太陽、暑さにうなだれる樹々、小鳥のさえずり、埃っぽい道をよたよたと歩く犬、はにかむように笑う人々、透き通るような月の光、目の前を飛んでいく蛍……こんな静かな世界がまだあったなんて……。その時の私には、そこに存在するすべての物が〝本来あるべき姿〟を教えてくれているように感じました。人々は夜明けと共に目を覚まし、午前中は野良仕事をし、昼間は自分の好きな絵を描いたり彫刻をして、夜はどこかのお寺でバリダンスを踊る。それが彼らの最も自然な日常のようです。絵も彫刻もダンスも玄人跣《くろうとはだし》の素晴らしさだというのに、アーティスト然とする訳でもなく、ごくごく普通の村人として当たり前のように暮らしている。

（昨日までの私はいったい何だったんだろう？　頭の上に大きな青い空があるのも忘れて、チマチマとセコセコと雑踏の中をただただ背中を丸めて、あれやらこれやら考えながら歩いていた私。ついさっきまで不幸を思いっきり背負って、自己憐憫《れんびん》の塊みたいだった私……）

ふと、亜熱帯特有の柔らかな風が頬を撫でて行きました。田植えが終わったばかりの田んぼの畦道。その先の大きな虹の下で、牛を操りながら働く人々……まるでタイムスリップしたような、どこか懐かしい風景です。

（……自然の中で、在るがまま……これが本来の人間の姿なのかな。アーティストって「特殊な才能を持った人」ってイメージがあったけど、こういう自然の中で在るがままに暮らしていれば、誰でも生まれながらにして持っている才能を発揮できるって事なのかな？　都会じゃ無理なのかしら？　肩に力を入れて、自分の事ばっかり考えて……）

と、その時です。「クワッ、クワッ、クワ～ッ！」背後にけたたましい鳴き声が聞こえました。振り返ってみるとアヒルです。狭い田んぼの向こう側の畦道《あぜみち》を、もの凄い速さで駆けて来ました。何が起きたのでしょう？　ぬかるんだ足元から時々滑り落ちそうになりながら大慌てで駆けて来ます。よく見るとそのアヒルの後に、小さなヒナたちが六羽、いえ七羽、一列に並んで必死になって付いて来ています。「クワッ、クワッ、クワ～ッ！」早く通り過ぎないと何をされるか分からないとでも思ったのでしょうか？　時々畔《あぜ》から転げ落ちる者もいれば、飛び上がる者もいれば、全員お尻を振り振り「クワッ、クワッ、クワッ、クワッ」と凄いスピードで駆け抜けて行く。その愛らしさ、滑稽さといったら、まるでディズニーアニメのようで、私は思わず声を上げて笑いそうになりました。

（！）……その瞬間でした。「繋がった！」……何故そう思ったのか、何故そう感じたのか……私は辺りに同化してしまったのでしょうか、すべての物に繋がってしまったのです。存在するすべての物に繋がって、すべての物がゆっくりと呼吸している事が分かったのです。私自身を含めて、そう、すべての物が息づいていたのです。ひっそりと優しく、そして暖かく、土も石も草も木も山も空も、ありとあらゆる物が息をしている。それも各々が別々に息をしているのではなく、何かこう、とてつもなく大きなひとつのエネルギーがすべての物に流れていて、そのエネルギーが息づいているのです。……ひとつの大きなエネルギーでした。(このエネルギーで私たちは繋がっている！) 頭ではなく理屈ではなく、全身でそれを理解できたような感覚でした。

この緑の大地も、あの山々も、私自身も、今走り抜けて行ったあのアヒルたちも、遠くで牛と働く人々も、あの虹も、ゆっくりと流れる雲も、まぶしく輝く太陽も、果てしなく続く空も、その向こうにある星々も……ありとあらゆる物が

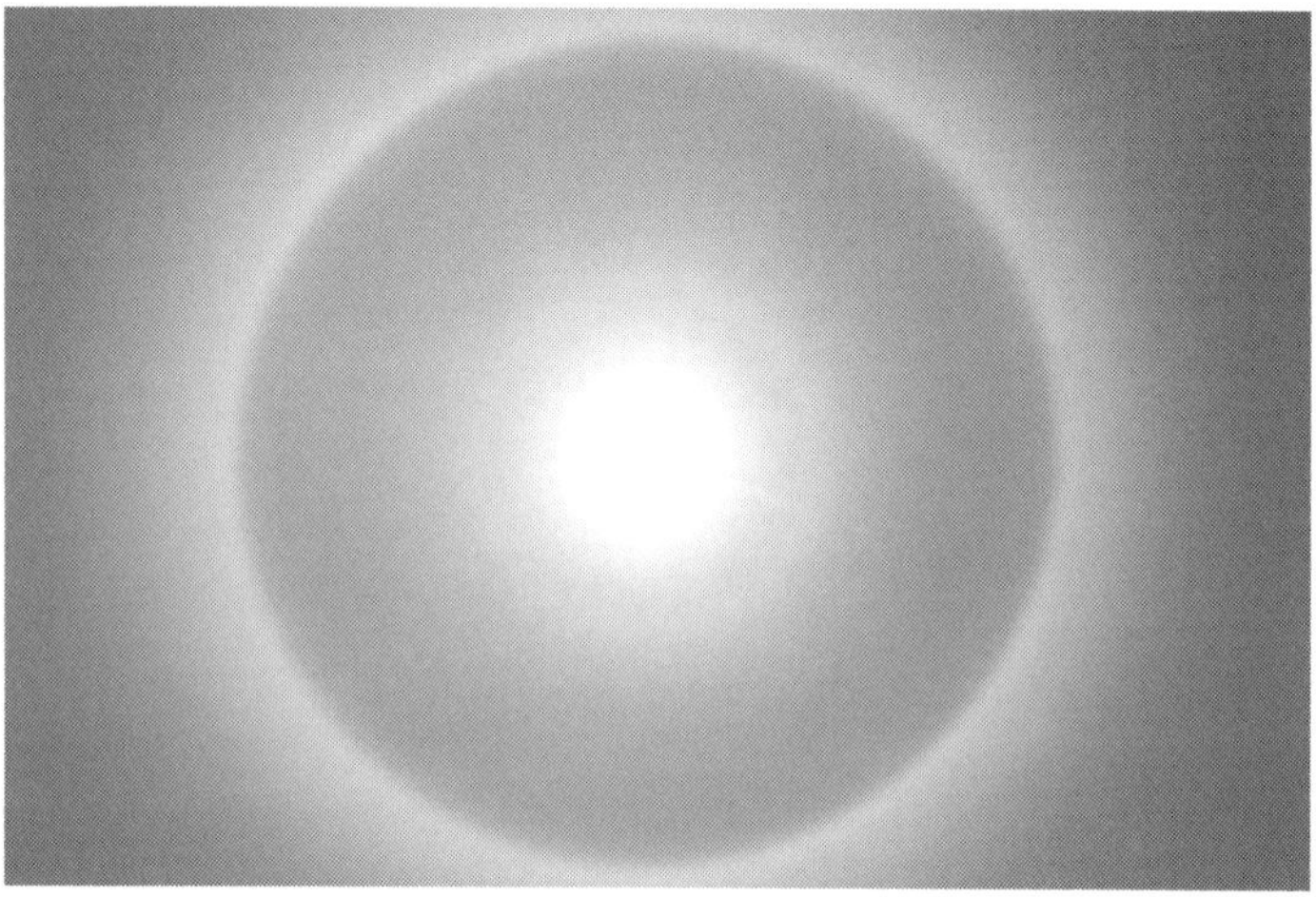

……存在するすべての物が、次元さえも乗り越えたこの宇宙に存在するすべての物が、ひとつひとつの存在として繋がっている。このエネルギーで繋がっている。そこに存在する私は宇宙そのものの一部なのです。私は私なんだけど、私は宇宙という生き物の一部でもあったのです。宇宙に抱かれる胎児のような私を感じました。母なる宇宙の鼓動が大きく聴こえて来ます。そしてその鼓動は私の中でも大きく脈打っていたのです。私だけでなくすべての物の中で脈打っていたのです。

私以外の物は、すべて私から切り離されてた筈なのに。

(何これ！　何が起きたの?!)

とんでもない事が起きている、それしか解《わか》りませんでした。そして、その状態がどれくらいの時間続いていたのかよく覚えていないのです。ただ確かな事は、この時全身の細胞がとびっきり高揚して喜びに震えたのです、「私たちは、ひとつ（ONENESS《ワンネス》）だった」という事に。

再会

２０１４年（平成二十六年）６月　三重県伊勢市。

「天地創造の話、知ってる？」

何故か急にお伊勢さん参りに行きたくなって、三重県津市に住む古くからの友人に電話をしてみると「明日さあ、タオル一本持って来るといいよ。詳しい事は来れば分かるから。」と誘われて、五十鈴《いすず》川で禊《みそぎ》をした後、本格的なお伊勢参りをするという行事に、突然参加させていただく事になりました。それまで数回ほど内宮《ないくう》に参拝に来たことはありましたが、あくまでも観光的な要素が強く、あの凛とした空気の中、夜の五十鈴川での禊《みそぎ》という体験は身の引き締まるものがありました。澄み切った川の流れは痛いほど冷たく、そして速く、川底のごろごろとした石は「しっかりと自分で立て！」と言わんばかりに足場を不安定にさせます。白衣《びゃくえ》を濡らして漸《ようや》く胸まで浸かると、水の冷たさよりも不思議な安堵感に包まれて、目の前を蛍が飛んでいることに気付きました。月明かりの中、川面を飛ぶ蛍。ふと、あのバリを思い出しました。

翌日の帰り道。

「え？」

「だから天地創造の話だよ、知ってる？」

「初めに神、光あれ〜と言いたもうって、あれの事？」

「それはキリスト教の聖書でしょ。日本の天地創造の話だよ。」

「え〜？　知らない……。」

そう、私は恥ずかしながら日本に天地創造の話がある事すら知らなかったのです。第二次世界大戦後、日本の神話はどこかでタブーとされ封印されて来たところがあります。私の知っている日本神話といえば、幼い頃に祖父から聞いた『稲羽の白うさぎ』や『やまたのおろち』くらいで、グリム童話のような「おとぎ話」としての記憶しかありませんでした。ただ物心がつく頃から毎年神社に初詣に行き、いつの頃からか二礼二拍手一礼を覚えたのですが、それはあくまでもひとつの慣習でしかなく、まさか「神社」と『稲羽の白うさぎ』が繋がっているなどとは思ってもみないことでした。現在全国には神社が約八万も存在しています。最近ではパワースポットとして若者たちが訪れる事が多くなったそうですが、果たしてみんな天地創造からの日本の神話を知っての事なのでしょうか？

「古事記を読んでみない？」
「私が？」
「そう、その声でね。」

古事記といえば確か中学生時代の日本史の授業で触れた程度。私の中では全くの未知なる書物でした。でも人生には時として予想外のヒントが訪れます。そのヒントに自分がワクワクした時がチャンス。東京に戻ると私は早速書店に出向き、古事記の現代語訳本などを買い求め始めました。

古事記とは、大化の改新の後、まさにこの国に律令国家が形成されようとしていた時代、天武天皇（在位６７３年〜６８６年）が各地に伝わる古伝承を舎人《とねり》の稗田阿礼《ひえだのあれ》に暗誦させ、それを太安万侶《おおのやすまろ》が筆録した日本最古の歴史書だと言われています。そして、その千年以上後の江戸時代後期、国学を大成した本居宣長（１

730年〜1801年）の手によって『古事記伝』として編纂されます。江戸時代は鎖国をしていた日本。最も日本の精神文化に重きを置いて編纂されたと言われるものです。

ところでその古事記、読み解いて行きますと面白い事が分かりました。世界三大宗教のユダヤ教、キリスト教、イスラム教の神さまは、私たちとはかけ離れた世界に存在する唯一無二の絶対神だそうですが、日本の神さまは、この世に存在するすべてのものが神、つまり存在そのものだったのです。

「八百万《やおよろず》の神々」という言葉がありますが、地域によっては未だに「八百余《やおよろず》」と書いている所もあるようです。私がバリで「土も石も草も木も山も空も」と数えたように、昔の人も世の中に存在する物をひとつひとつ数えたのではないのでしょうか？　今ほど情報のなかった時代、きっといくら数えても世の中には八百個ちょっとくらいしか物がなかったのでしょう。（現代《いま》では一般的に「八百万《やおよろず》」と書きますが、近い将来は「八百億《やおよろず》」と書くようになるかも知れません）

つまり、日本の神様は、この世に存在する八百余りのすべての物に宿っていたのです。もちろんその中には私たち人間も存在として含まれています。存在する物は日々進化し変容して行きます。ですから神そのものが進化し変容していることになります。そして聖典（教典）という教則本もありません。何故なら周りの存在すべてが、その瞬間その瞬間自分に何かを教えてくれる神さまだからです。私は俄然日本の神さまに親近感を覚え、好きになりました。

未だに宗教対立によって世界は争い続けています。きっと自分の信じる絶対神の教えにそぐわないものは許せないからでしょう。でも日本の神さまは絶対神ではありません。「すべてが神」であり「すべてが有《あ》り」の世界なのです。仏教用語で言えば「一即多（いっしょくた）」。言い換えれば「この世に存在するすべてはひとつ」なのです。

そう、バリで体験したあの「ひとつ（ONENESS《ワンネス》）」、それだったのです。……驚きました。あれは私にとって人生観を変えるほどの凄い出来事でした。まるで全細胞が覚醒し〝分断の世界〟から〝一体の世界〟へ溶け込んだ……とでも言えば良いのか？　お酒を飲んでいた訳でもないのに、突然究極とも言える至福感に包まれて、すべての物に繋がってしまった。そしてその瞬間、私の中で何かが変わったみたいなのです。どうやらあの瞬間に大きな概念のスイッチングが起きたとしか思えないのです。

「良い×悪い、敵×味方、勝ち組×負け組、とかの二元論じゃなくて、すべてはひとつでしょ」

「光があるから影（闇）ができる、影（闇）を知るから光が分かる。二つは表裏一体、同じひとつのエネルギー。でも自分の中の闇を許せないから自分を責める。本当は闇も光と同様に、私たちにとっては成長するための大切なエネルギー。それを知ればきっと苦しさから解放されて、いじめや自殺なんてなくなる筈なのに」

「宇宙は親切、自分が望んだ世界を見せてくれているだけ」

そんな心の声たちが、あれ以来ずっと聞こえて来るような気がするのです。

すべての物に神が宿っているという考え方を、汎神論《はんしんろん》、あるいは万有神論と言うそうですね。「宇宙の根源から生まれ出たすべての物に神が宿る」という思想が、まだ地球が丸い事さえ知らない筈の先人たちにどうやって分かったのでしょうか？　遥か昔、先人たちも私と同じあの不思議な体験をしていたのでしょうか？

「ひとつ（ONENESS《ワンネス》）」、日本人のDNAにはそれが刻み込まれているのかも知れません。私はたまたま28年前のバリでのあの瞬間にそれを思い出せたのでしょう。私たちはきっと「この世に存在するすべての命と命は繋がっていて、実は〝ひとつ〟である」と知っている民族だったのです。ただ近年になってそれを忘れてしまっているだけ。だから何の違和感もなくパワースポットとして神社を訪れ二礼二拍手一礼をし、お寺では合掌、教会では「アーメン」と祈る事ができるのではないでしょうか。すべては「ひとつ」とどこかで知っているからこそ、すべてのものを受け入れる力があると思うのです。

私はこの日本人のアイデンティティとも言える古事記＝古伝承を語り継いで行きたいと思うようになりました。古事記はこの国に国家というものが形成される以前からの「言い伝え」が基になっています。日本の民話・童話・芸能の原点であり、日本人の「和の心」の原点とも言えます。
本来の日本人の持つ、寛容さ、柔軟さ、美徳とするものは、「ひとつ」である事を知る先人たちが遺《のこ》してくれた大切な知恵。この事を命が軽んじられる今だからこそ、微力ながら「語り」という形で世の中に伝えられたらと願っています。

この『日本神話イザナミ語り』は、なるべく古事記の世界から逸脱しないように小野善一郎氏（『日本を元気にする「古事記のこころ」』青林堂）に監修をお願いし、あくまでも読み語り用として私独自の解釈で創作させて頂きました。天孫降臨以前の神代を舞台にしていますので、後世に建立された神社等の情報は本書の巻末に書かせて頂いております。登場する神々の祀られた神社へ実際にお出掛けになってみると、より身近な話として感じられると思います。

尚、古事記のこのくだりには２５０以上の神名が登場していますが、本書では

80分前後の読み語りを想定していますので、これら神名を最小限に抑えさせて頂いております。そして伊邪那美神《いざなみ》が語るという設定上、文中の神名に付ける「～神」「～命」などの敬称も略させて頂いている部分があります。「神」「命」にルビがないのは、どう読むのか、または全く読まないのかを、語り手にお任せしたいからです。ご自分で慣れ親しんだ呼び方が最良だと判断致しました。(例えば私は「大国主神《おおくにぬしのみこと》」と読んでおります）いずれも物語を分かり易く「声」で伝えるためとご理解頂ければ幸いです。

あなたの言霊《ことだま》として伝えて下さい――ONENESS《ワンネス》

日本神話イザナミ語り

作・小山茉美

監修・小野善一郎

©Photo.:Ishizuka Toshihisa Costume:Yamauchi Mitsuko Daiji: すぐる。
Kominka: Yokohama-Nagayamonkouen

こおろ、こおろ、こおろ、こおろ……こんにちは、ようこそお越し下さいました。私、イザナミと申します。天つ神さまから命《みこと》を頂きまして、今でも時々こうやって天《あめ》の浮橋《うきはし》（注1）に立ち、こおろこおろと銀河を掻《か》き回しては新たな星々を生んでおります。

この宇宙は、今から約《およそ》百三十七億年前に始まったと言われています。……いったいどうやって始まったんでしょうね。

何でもアフリカのある部族の言い伝えによりますと、最初に「宇宙の種」というものが有って、それがある時、四方八方に弾け飛んで「時間」と「空間」ができたそうです。闇と混沌の中から「秩序」が生まれたとはこの事なのでしょうか。

そしてその秩序は、まるで巨大なエネルギーとなってこの宇宙を流れております。「命《いのち》のエネルギー」、もしくは「叡智《えいち》のエネルギー」とでも申せば良いのでしょうか。遠い星々にも、この地球にも、ありとあらゆる物の中に流れている。勿論あなたさまの中にも私の中にも。この世に存在するすべての物の中に流れるこの巨大なエネルギーを、日本では昔から「天之御中主神《あめのみなかぬしのかみ》さま」とお呼び申し上げております。

天地開闢《てんちかいびゃく》。

この世に天と地が始まった時、大宇宙の源・高天原《たかまのはら》に天之御中《あめのみなか》主《ぬし》神が現れました。と同時に、万物の創造を司る・高御産巣日神《たかみむすひ》と神産巣日神《かみむすひ》が現れます。また万物の生命力を司る・宇摩志阿斯訶備比古遅神《うましあしかびひこぢ》と、その存続を支える・天之常立神《あめのとこたち》という、五柱の神さまが現れました。

五柱と申しましても、実はすべて天之御中主《あめのみなかぬし》さまの〝別のお顔〟とも申せます。この五柱の神さまは、大宇宙の源となる大切な神さまですので、他の神々と区別するため「別天つ神《ことあまつかみ》」とお呼びしています。

次に、神世七代《かみよななよ》と言われる七柱の神が登場致しました。

大地を根源から支える・国之常立神《くにのとこたち》。

豊かな実りをもたらす・豊雲野神《とよくもの》。

大地を形成する・宇比地邇神《うひぢに》と妹須比智邇神《いもすひぢに》。

それを育み育てる・角杙神《つのぐひ》と妹活杙神《いもいくぐひ》。

この「妹《いも》」とは、女性に対して親しみを込めて呼ぶ時に使う言葉です。対《つい》となっている神々なんですね。

大地を固める・意富斗能地神《おほとのぢ》と妹大斗乃弁神《いもおほとのべ》。

大地を完成させる・於母陀流神《おもだる》と妹阿夜訶志古泥神《いもあやかしこね》。

そして伊邪那岐神《いざなぎ》と、私、伊邪那美神《いざなみ》でございます。


ある時、天つ神さまは伊邪那岐《いざなぎ》さまと私に「この混沌とした世界を、秩序ある国へと修《おさ》め理《つく》り固め成せ」と申されました。そこで私たちは天《あめ》の浮橋《うきはし》に立って、天つ神さまから賜《たまわ》った矛《ほこ》を、浮いた脂のような物の中へ指し下ろしました。

そしてしばらくこおろこおろと掻《か》き回し、その矛《ほこ》を引き上げた時に、先から垂《した》り落ちた塩が重なり積もってま～るい島と成りました。これが淤能碁呂島《おのごろしま》（注２）です。

私たちはその島に降《くだ》りまして、まず高天原《たかまのはら》に繋がる光の柱《はしら》を建てました。

「妹《いも》・伊邪那美《いざなみ》、あなたはどんな姿になったのですか？」

私たちにとっては、初めて〝身体《からだ》〟というものを持った瞬間でした。

「……私の身体には、どうやら足りないところがひとつあるようです。」

「私の身体には余っているところがひとつあるようだ。ではこの余っているところと、その足りないところを合わせ、国土《くに》を生もうと思うが、どう思う？」

「それは良いお考えです。」

「では、この柱を回って夫婦の契りを交わそう。あなたは右廻り、私は左廻りで回ってみよう。」

私たちは左右に別れ、柱の周りをゆっくりと歩き始めました。

それにしてもこの身体。……そして、この声。あまりの不思議さ嬉しさに感極まった私は、伊邪那岐さまに「ああ、なんと良き男の姿にお成りで」そう申し上げました。すると伊邪那岐《いざなぎ》さまも、柱の向こうから「なんと美しい乙女の姿に」と言って下さったのです。ただこの時「女神《めがみ》から先に言って良かったのだろうか」と、ふと不安になられたようでした。

今思えば、この時の私たちには「異心《ことごころ》」と呼ばれるものが芽生え始めていたのかも知れません。「異心」とは、本来の心とは異なる心です。「自分の胸に聞いてみろ」とか、「胸に手を当てて考えてごらん」とは言いますが、「頭に手を当てて考えてごらん」とは言いません。天つ神さまの叡智《えいち》は、私たちのこの部分（※胸を指す）に繋がっていらっしゃいます。でも時としてここが果てしのない考え事に占領されていますと、いつの間にか天つ神さまと切り離されてしまうようです。

伊邪那岐《いざなぎ》さまの不安は的中致しました。私たちは互いに好奇心のような「異心《ことごころ》」で覆われていたのでしょうか。ヒルのような御《み》子《こ》が生まれ、また泡のような御子《みこ》も生まれて、御子《みこ》の数には入れられず国生みに失敗してしまったのです。驚いた私たちは、どうしたものかと天つ神さまに教えを乞うことに致しました。すると天つ神さまは鹿の骨を焼いて吉凶を判断し、「今度は女の方からではなく、男の方から声を掛けてみなさい」とおっしゃいました。そこで私たちは、もう一度御柱《みはしら》を回《まわ》り始め、今度は伊邪那岐《いざなぎ》さまが先に「なんと美しい乙女の姿に」続いて私が「なんと良き男のお姿に」と言ってみたのです。

そう言い終えて最初に生まれたのは、淡路《あはぢ》の穂の狭別島《さわけのしま》、淡路島でした。

次に四国が生まれます。この島は顔が四つ有ります。伊予国《いよのくに》（愛媛）は別名、愛比賣《えひめ》、讃岐国《さぬきのくに》（香川）は飯依比古《いひよりひこ》、粟国《あわのくに》（徳島）は大宜都比賣《おおげつひめ》、土左国《とさのくに》（高知）は建依別《たけよりわけ》と言います。

次に生まれたのが隠岐《おき》の三子《みつご》の島（隠岐諸島）です。またの名

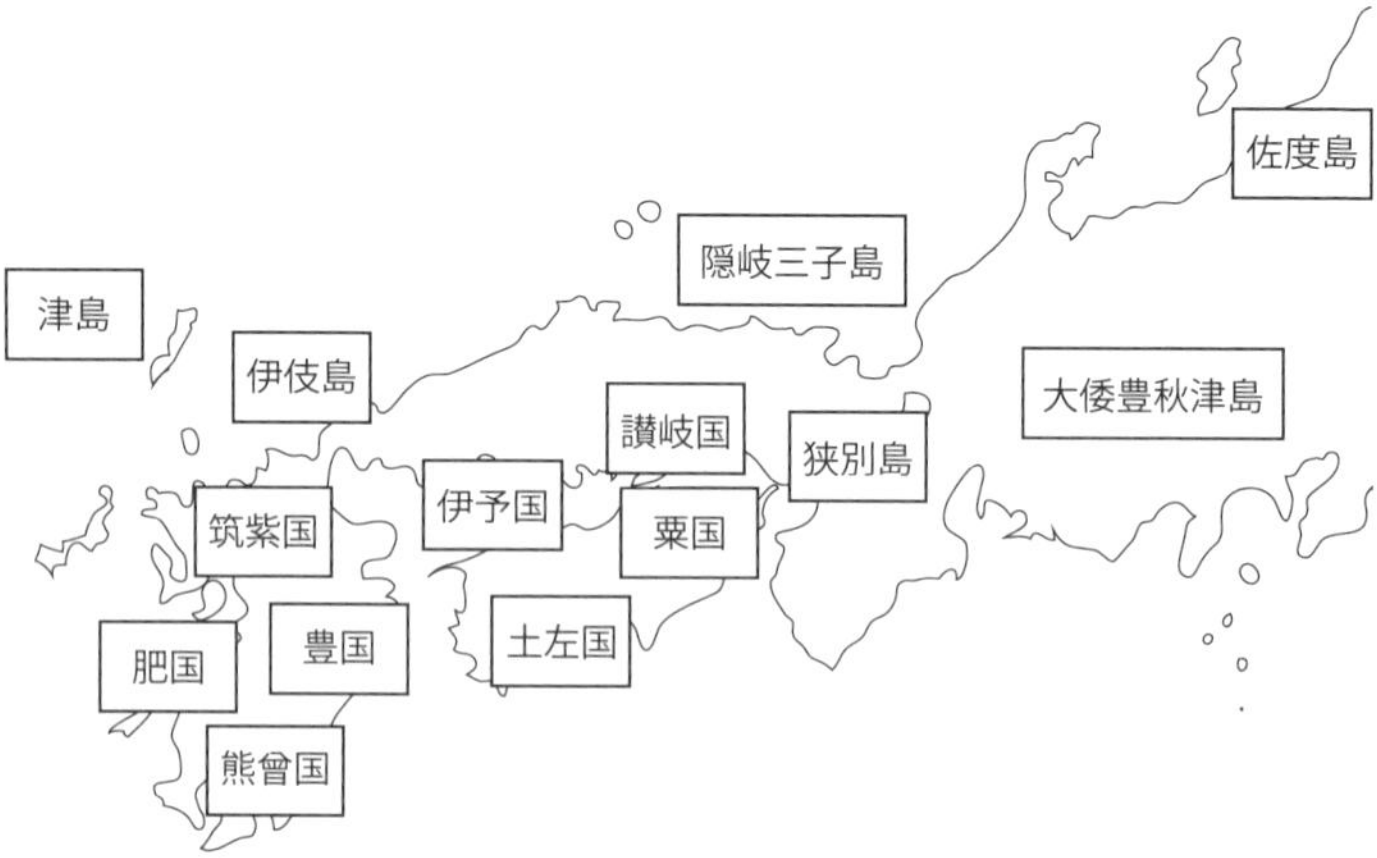

を天之忍許呂別《あめのおしころわけ》。

そして九州・筑紫島《つくしのしま》が生まれます。この島も顔は四つ有ります。筑紫国《つくしのくに》（九州北部）は白日別《しらひわけ》、豊国《とよのくに》（九州北東部）は豊日別《とよひわけ》、肥国《ひのくに》（九州西部）は建日向日豊《たけひむかひとよ》久士比泥別《くじひねわけ》、熊曾国《くまそのくに》（九州南部）は建日《たけひ》別《わけ》と言います。

次に伊伎島《いきのしま》（壱岐島）、またの名を天《あめ》比登都柱《ひとつばしら》が生まれました。

次に津島《つしま》（対馬列島）、またの名を天《あめ》之狭手依比賣《のさでよりひめ》が生まれ、次に佐度島《さどのしま》が、そして、今で言う本州・大倭豊秋津島《おおやまととよあきづしま》、またの名を天御虚空豊秋津根別《あまつみそらとよあきづねわけ》が生まれました。

このようにして初めに八つの島が生まれましたので、この国土《くに》を大八島国《おおやしまのくに》と申しました。それぞれの島に神名が付いているのは、森羅万象すべての物に、もちろん大地にも神が宿っているからです。

そして私たちは、更に海の神、川の神、風の神、木の神、山の神、野の神、……火の神を生みました。全部で十四の島と三十五の神々です。

ただ、この火の神・迦具土《かぐつち》神を生んだ時に、その炎のあまりの強さに私の御陰《みほと》（注3）は炙《や》かれてしまい、重い病の床に就くことになりました。熱にうなされて私が嘔吐した物や、便やお小水からも、神々が次々と生まれ出て参ります。

「…ああ、愛しい我が子たち。」

とうとう私はこの世を去ることになります。

「伊邪那岐《いざなぎ》さま、そのように…お嘆きにならないで下さい。」

「悔しいのだ。愛しい我が妻をたったひとりの御子《みこ》と引き換えるとは。…（！）…伊邪那美？　…伊邪那美〜！」

伊邪那岐さまは、私の枕元で、足元で、腹這《はらば》いになって泣きじゃくるほど悲しまれました。そしてあろう事か、十拳剣《とつかつるぎ》（注４）を抜いて私たちの御子・火之迦具土《ひのかぐつち》神の首をお斬りになったのでございます。

伊邪那岐さまは感情の起伏が激しいお方です。でもまさか、ご自分の実の御子《みこ》をお斬りになる訳はございません。本当はこの時（この子さえ生まれなければ、愛しい伊邪那美《いざなみ》は死ななかったのに！）という、ご自分の中の〝悪しき思い〟をお斬りになったのです。

この世のすべては己の心が創る。この世は「鏡」。その鏡に映る自分の悪しき心を「剣《つるぎ》」で祓《はら》い、「勾玉《まがたま》」＝魂を磨く。これぞ三種《さんしゅ》の神器（注5）の御力《みちから》と心得ます。

伊邪那岐《いざなぎ》さまはあまりの寂しさ悲しさに、どうしても諦め切れず、今一度私に逢いたいと黄泉《よみ》の国まで追っていらっしゃいました。黄泉とは死者の国。一旦入ってしまうと戻れるかどうか分からない世界です。

私が御殿の戸口に出て伊邪那岐《いざなぎ》さまをお迎えすると、

「我が妻よ、国作りはまだまだこれからだ。共に帰ろう。」と懇願されます。

「遅すぎました。もっと速く来て下されば……既に黄泉の国の物を食べてしまいました（注6）。でも、ご一緒に帰れるよう黄泉《よみ》の国の神に頼んでみます。どうぞその間は、絶対に中をご覧にならないで。」

ところが、伊邪那岐《いざなぎ》さまはしばらく我慢をなさっていたのですが、とうとう待ち切れず、左の髪に挿してあった櫛《くし》の歯をひとつ折って、それに火を灯《とも》し、真っ暗な御殿に入って参りました。

すると……突然目の前に、蛆《うじ》が音を立てて這い回る無惨な私の骸《むくろ》が浮かび上がったのでございます。よく見ると八柱《やはしら》の雷神《いかづちがみ》が、頭に胸に両手両足に、不気味な青白い炎を放ちながら居座っております。それをご覧になった伊邪那岐さまは、あまりの恐ろしさに慌てて逃げ帰ろうとします。

「ああ、あれほど見るなと申しましたのに……よくも、よくも私に恥《はじ》を！」

私は黄泉《よみ》の国の女鬼《おんなおに》・醜女《しこめ》たちに、伊邪那岐さまの後を追わせました。「待て〜！」凄い形相で追い駆ける醜女《しこめ》たち。

伊邪那岐さまが髪につけていた蔓草《つるくさ》を地面に投げつけると、途端にそれは枝葉を伸ばし、山葡萄《ぶどう》が生《な》りました。醜女《しこめ》たちがこれを食べている間に逃げ出すのですが、あっという間に食べ終わり、また後を追い駆けて来ます。今度は櫛《くし》を引き抜いて地面に投げつけますと、櫛《くし》は途端に筍《たけのこ》と成《な》りました。醜女《しこめ》たちがこれを引き抜いて食べている間に、また逃げ出します。

ところが、その後《うし》ろからは八柱《やはしら》の雷神《いかづちがみ》が、黄泉《よみ》の国の大軍・悪《あく》霊邪鬼《りようじやき》らを引き連れて追い駆けて来ていました。伊邪那岐《いざなぎ》さまは十拳剣《とつかつるぎ》を抜いて後手《しりえで》に振り回しながら逃げるのですが、なお追い駆けて来ます。

そして黄泉の国と現世との境、黄泉比良坂《よもつひらさか》まで来た時、そこに生《な》っていた桃の実を三つ捥《も》ぎ取って投げつけると、不思議な事に雷神《いかづちがみ》も軍勢も悉《ことごと》く逃げ帰って行ったのです。(注7)

「ええい、仕方ない!」最後に私自らが追い駆けて行く事になりました。ところが、伊邪那岐さまは遠くに私の姿を見つけるや否や、千人がかりでやっと動くかというほどの大きな岩で、その黄泉比良坂《よもつひらさか》の出口を塞《ふさ》いでしまわれたのです。

「愛しき我が夫よ、このような事をなさるのなら、私はあなたの国の人々を、一日に千人、絞《くび》り殺す！」

すると、伊邪那岐さまは岩を挟んだ向こう側から、

「愛しき我が妻よ、もしあなたがそうするなら、私は一日に千五百の産屋《うぶや》を立ててみせよう！」

そう、申されました。


「なんと汚《けが》らわしい国に行ってしまったのだろう。禊《みそぎ》をしよう。」

命からがら黄泉《よみ》の国から戻った伊邪那岐《いざなぎ》さまは、筑紫《つくし》の国の日向《ひむか》の橘《たちばな》（注8）にやって来ると、清らかな川の流れで体を禊《みそ》ぎ

始めました。禊祓《みそぎはらえ》と言われるものです。
すると、まず禍《わざわい》の神と凶事を起こす神が生まれ出ました。と同時に、その汚《けが》れを浄《きよ》めるための神と清らかさの象徴とも言える女神も生まれました。そして水底《みなそこ》で体をすすぐと、底津綿津見神《そこつわたつみ》と底筒之男命《そこつつのをのみこと》が、中ほどでは中《なか》津綿津見神《つわたつみ》と中筒之男命《なかつつのをのみこと》が、水面《みなも》では上津綿《うわつわた》津見神《つみ》と上筒之男命《うわつつのをのみこと》が生まれ、左の目をお洗いになった時に天照大御神《あまてらすおおみかみ》が、右の目をお洗いになった時に月読命《つくよみのみこと》が、鼻をお洗いになった時に建速須佐之男命《たけはやすさのをのみこと》が生まれたのです。
「私はなんと禊《みそぎ》によって多くの子を生むこと

ができた。それも最後にこんなに貴き三柱の御子《みこ》たちを得たぞ。」

伊邪那岐さまは、まるで子供のような笑顔を浮かべてお喜びになりました。

そして天照大御神《あまてらすおおみかみ》の首に、ご自分の玉飾りをお掛けになり「そなたは高天原を。」月讀《つくよみ》命には「そなたは夜の国を。」そして建速《たけはや》須佐之男《すさのを》命には「そなたは海原《うなばら》を治めなさい。」とおっしゃいました。


さて、その命《みこと》のままに各々国を治める筈だったのですが……、須佐之男命《すさのをのみこと》だけが何故か海原を治めようとはせず、泣いてばかりおりました。あご髭が胸まで伸びるほどの間泣き伏せて、青々とした山が枯木の山になるほど泣き枯らし、泣きに泣いて川や海の水もすべて泣き乾《ほ》してしまったのです。すると辺りには、荒らぶる神々の声が蝿《はえ》の騒ぐように満ちあふれ、あらゆる災いが起き始めました。

「須佐之男《すさのを》、何を嘆いている？　どうして国を治めず泣いてばかりいるのだ。」

「父君。ここは嫌《いや》だ。私は母のいる黄泉《よみ》の国に行きたい。ここは嫌だ！」

「……ならば、この国には住むな！」

伊邪那岐《いざなぎ》さまは随分長い間我慢をしていらっしゃったのでしょ

う。とうとう須佐之男命《すさのをのみこと》を追放してしまったのです（注9）。

「姉君なら、きっと私の気持ちを分かってくれるに違いない。然らば姉君の天照大御神《あまてらすおおみかみ》にお会いしてから、黄泉《よみ》の国に行くことにしよう。」

ところが須佐之男命が高天原《たかまのはら》に上ろうとすると、父に追放され心が傷つき動揺していたからでしょうか、山や川が悉《ことごと》く動き始め、大地が大きく揺れ始めました。

「これは……須佐之男！　何故です？　……あの須佐之男がここまで上って来るのは善《よ》き心からとは思えぬ。」

天照大御神は咄嗟に男髪のように髪を結い上げ、髪にも手にもたくさんの勾玉を巻き付けました。

そして弓を振り立て足を踏み鳴らし「何故ここに来ました！」と、須佐之男命の行く手を塞ぎました。

「姉上！　そのお姿は？　……私が来たのは邪《よこしま》な心からではありません。」

「あなたは海原を治める神の筈です。何故ここに来たのです？　あなたの心は清らかだと言えますか？」

「姉上、私をお疑いになるのですか……だったら誓約《うけい》をして、それぞれ子供を生んでみてはいかがでしょう。」

誓約《うけい》（注10）とは、現れる結果によって判断をする占いのひとつです。

まず天照大御神《あまてらすおおみかみ》が須佐之男命《すさのを》の十拳剣《とつかつるぎ》を受け取って、高天原《たかまのはら》の聖なる水を振り注ぎ、咬みに咬んで吐き出した霧の中から、多紀《たき》理毘賣命《りびめ》、市寸島比賣命《いちきしまひめ》、そして多岐都比賣命《たきつひめ》の三柱《みはしら》の女の御子《みこ》（注11）が生まれました。

次に、須佐之男命《すさのを》が天照大御神《あまてらすおおみかみ》の勾玉《まがたま》に、同じく聖なる水を振り注ぎ、咬みに咬んで吐き出した霧の中から、天之忍穂耳命《あめのおしほみみ》、天《あめ》之菩卑能命《のほひの》、天津日子根命《あまつひこね》、活津日子根命《いくつひこね》、熊野久須毘命《くまのくすび》の、五柱の男の御子が生まれました。

「どうですか、姉上。私の心が清らかだからこそ、私の剣《つるぎ》からこんなにも美しい女の御子《みこ》たちが生まれたのです！」

須佐之男命はそう声を荒らげると、ほっと安心したのか、それとも父に追放され姉にも疑われた事が余程悲しかったのか、悔しかったのか……なんと天照大御神自《みずか》らが作る田の畔《あぜ》を壊し、水路を埋め、新嘗祭《にいなめさい》（注12）で新たな穀物を頂く御殿に屎《くそ》をまき散らすような始末。

でも天照大御神は、心を痛めながらもこれを咎《とが》めず善い方にお取りになりました。

「きっとあの屎《くそ》の様に見えるのは、酒に酔い過ぎて吐き散らしたものでしょう。それに田を壊して溝を埋めたのは、作付けの土地を増やしてやろうと、私のことを思ってした事なのでしょう。」

ところが、須佐之男《すさのを》命の悪行は止むどころかますますひどくなって行きます。ある時、天照大御神《あまてらすおおみかみ》が神々に捧げる衣を織っている時に、突然その機屋《はたや》に逆さに皮を剥いだ斑馬《まだらうま》を放り込んだのです。

「きゃ〜！　ああ、ああ。」衣織女《はたおりめ》の一人はあまりにも驚いて、横糸を通す梭《ひ》という道具が御陰《みほと》に衝《つ》き刺さり、死んでしまいました。

「……なんということを。」これを見た天照大御神は、本当に悲しそうなお顔をなさって、天《あま》の岩戸（※岩屋戸《いわやと》）と呼ばれる洞窟に引き籠もってしまったのです。

すると、高天原《たかまのはら》も葦原中国《あしはらのなかつくに》（注13）も悉《ことごと》く真っ暗な闇に覆われ、災いが一斉に起き始めました。

暗闇の中、八百万《やおよろず》の神々は安河原《やすのかわら》（注14）に集まり思金神《おもいかね》（注15）に考えさせました。思金神《おもいかね》は思慮深い智力《ちりょく》の神です。

「まず夜明けが来るよう鶏を集めて鳴かせよう。そして川上にある堅い石と鉄で、八尺鏡《やたのかがみ》を作らせるのだ。勾玉《まがたま》の玉飾りもできる限り多く頼む。その間に香久山《かぐやま》（注16）の賢木《さかき》を根こそぎ取って来て、上の方の枝には勾玉を、そして中ほどには八尺鏡《やたのかがみ》を、下の枝には白い布と青い布を飾る。それと……。」

用意ができると、布刀玉命《ふとだま》（注17）がこれを神聖な供え物として掲げ、天児屋命《あめのこやね》（注18）が岩戸の前で祝詞《のりと》を奏上《そうじょう》し始めました。

一方、力持ちの天之手力男命《あめのたぢからを》（注19）は岩戸の陰に隠れ、踊りの上手な天宇受賣命《あめのうずめ》（注20）は、どこからか大きな桶《おけ》を持って来て伏せ、その桶を踏み鳴らしながら一心不乱に踊り始めました。

……が、その可笑しな身振りといったら。とうとう乳房《ちぶさ》が露《あら》わになり腰裳《こしも》がずり落ちそうになりました。するとそれを見ていた八百万《やおよろず》の神々が、高天原が揺れ動くほど一斉に笑い出したのです。

天照大御神《あまてらすおおみかみ》は、岩戸を細く開き尋ねます。

「私が隠れた為に高天原《たかまのはら》も葦原中国《あしはらのなかつくに》もみな闇となっている筈です。どういう訳で天宇受賣命《あめのうずめ》はそんなに楽しそうに踊り、八百万《やおよろず》の神々も笑っているのですか。」

「あなたさまより貴《とうと》い神さまがここにいらっしゃいましたので、みんな大喜びなのです。それで笑っているのですよ。」

天宇受賣命《あめのうずめ》がここぞとばかりの大声で答えると、すかさず天児屋命《あめのこやね》と布刀玉命《ふとだま》が八尺鏡《やたのかがみ》を差し出しました。

「ほら、こちらに！」

「え？」

天照大御神《あまてらすおおみかみ》が鏡を覗き込んだその途端、隠れていた天之手力男命《あめのたぢからを》が天照大御神の手を引き、布刀玉命《ふとだま》が素早く後ろに回り込み、岩戸の入り口に〆縄《しめ》を渡しました。

「天照さま！　お願いですから、ここから内《なか》には、もうお入りになりませぬように……。」

天照大御神《あまてらすおおみかみ》が天の岩戸から出て参りますと、高天原《たかまのはら》も葦原中国《あしはらのなかつくに》も再び光が溢れ、すべての物がまるで生き返ったようでした（注21）。

八百万《やおよろず》の神々は、早速、須佐之男命《すさのを》の悪行について話し合う事にしました。ただ、その数々の悪行に今まで無関心を装って来た自分たちにも責任があります。まず自分たちの罪汚《つみけが》れを祓《はら》い清め、そして須佐之男命の髭《ひげ》と手足の爪を切らせて高天原《たかまのはら》から追放したのです。

再び追放されてしまった須佐之男命。考えてみれば、不安定な己《おのれ》の心に振り回され一番辛い思いをしてきたのは、実は須佐之男自身なのかも知れません。でも一体どうすれば良いのか……。

ふと、食べ物を司る大気都比賣《おおげつひめ》神を訪ねてみる事にしました。

「あらまあ、それは大変だったわねえ。」事情を知った大気都比賣《おおげつひめ》神は、快く鼻や口やお尻から、さまざまな美味しそうな物を取り出して色んな食べ物を作ってくれました。ところが、それを見ていた須佐之男命は「なんと汚い事をする！」と、大宜都比賣《おおげつひめ》神をその場で斬り殺してしまったのです。

実はこれも「汚い」と思ってしまう自分の心を斬っております。この時からでした。須佐之男《すさのを》命が行く先々で次から次へと湧いて出てくる〝己の悪しき思い〟を一心に祓《はら》い始めたのは。

そして……出雲国《いづものくに》の肥《ひ》の河《かわ》（注22）の川上、鳥髪《とりかみ》という地までやって来た時の事です。山の木々は悉く倒れ、大地は赤茶け、川の水もどんよりと濁っています。ふと見ると箸《はし》が川上から流れて来ました。

「川上に人が住んでいるのか。」

川沿いをしばらく歩いて行くと、あばら家の庭先で老夫《おきな》と老女《おみな》が若い娘を前にして泣いています。

「いったいどうされたのか。」

「わたしは国つ神・大山津見神《おおやまつみ》の子、足名椎《あしなづち》と申します。妻の名は手名椎《てなづち》。この娘《こ》は櫛名田比賣《くしなだひめ》と申します。」

「何故泣いているのだ。」

「はい、私たちには八人の娘がおりましたが、毎年毎年、八俣大蛇《やまたのおろち》という恐ろしい怪物が襲って来て、ひとりずつ食われてしまいました。今年もちょうどその時期がやって参りました。この子で最後、八番目の娘なのでございます。」

「オロチという…それはどんな姿形をしている。」

「それはそれは恐ろしい怪物です。その目はまるで熟したホオズキのように真っ赤で鋭く、身体はひとつなのですが、八つの頭と八つの尾があります。背中には苔《こけ》や桧《ひのき》、杉まで生えていて、その大きさは八つの谷と八つの峰に渡るほどで、腹を見るといつも血が滴《したた》り落ちていて爛《ただ》れております。」

「そうか……足名椎《あしなづち》神、手名椎《てなづち》神。あなた方に強い酒を造って頂きたい。そしてこの家の周りを垣根で囲み、八つの門を作るのです。その八つの門ごとに酒の入った大きな甕《かめ》を置いて大蛇《おろち》を待つのです。」

ある夜、大地を揺らすような唸り声を轟かせ、八俣大蛇《やまたのおろち》が現れました。大蛇《おろち》は何度も醸《かも》した酒の匂いに誘われてか、八つの頭をそれぞれ八つの大甕《おおがめ》に突っ込み、いきなりがぶがぶと酒を飲み始め、しばらくするとぐでんぐでんに酔っぱらって、まるで死んだように眠り込んでしまいました。

「今だ！」須佐之男命《すさのを》は、十拳剣《とつかつるぎ》を抜いて大蛇《おろち》を切り散らし始めました。大蛇《おろち》は悲鳴を上げ、大きくのた打ち回り、肥《ひ》の河《かわ》が血の流れとなるほどでした。そしてとうとう八本目の尾を斬りかけた時、剣《つるぎ》の刃《は》が少し欠けました。

「ん？　これは……」その尾をゆっくり割《さ》いてみると、中から大きな光を放つ見事な太刀《たち》が現れたのです。そうです、これが三種の神器のひとつ、草薙剣《くさなぎのつるぎ》です（注23）。

須佐之男命は、自分の心が祓《はら》い浄《きよ》められた証《あかし》として姉の天照大《あまてらすお》御神《おみかみ》にこの剣《つるぎ》を献上します。そしてこの出雲国《いづものくに》に宮を造る事にしました（注24）。

「この地に来てからというもの、我が心はすがすがしい。」高天《たかまの》原《はら》を出てから初めて味わうその気持ち、そのすがすがしさからその地を「須賀《すが》」と呼ぶようになります。

そしてこの時出会った娘、櫛名田比賣《くしなだひめ》との間に御子《みこ》をもうけ、六代後《のち》には建国の祖と言われる大穴牟遅神《おおなむぢ》、後の大国主神《おおくにぬし》が生まれます。

大穴牟遅《おおなむぢ》神には、多くの腹違いの兄弟＝八十神《やそがみ》たちがいました。

「八十《はちじゅう》の神」と書いて「やそがみ」、多くの神という意味です。

ある日、その八十神《やそがみ》たちは、稲羽之八上比賣《いなばのやがみひめ》（注25）という美しい姫の心を射止めようと、稲羽に向かう事にしました。

お人好しの大穴牟遅《おおなむぢ》神は、まるで従者のように、皆の荷物を入れた大きな袋を背負わされて、行列の一番後ろを歩いていました。

「んぐううう、いたたた。」

一行が気多《けた》の岬《みさき》に来た時のこと、何か赤く丸い物がうずくまっていました。よく見ると、皮を丸ごと剥がれた裸《はだか》の兎《うさぎ》でした。

「なんだ？　ハハハ、ウサギか。可哀そうに痛いのか。海水をたっぷり浴びて、山の上で風に吹かれりゃ良くなるよ。」八十神《やそがみ》たちは兎にそう教えました。

兎は言われるままにしましたが、風が吹く度に「ひ〜〜〜っ！」と声を上げ、耐え切れぬ痛みにもっと丸まり、もがき苦しんで泣いておりました。

一足遅れてやって来た大穴牟遅神《おおなむぢ》が、そんな兎を見つけます。

「いったいその姿はどうしたのだ。」

「私は隠岐《おき》の島からこちら岸に渡りたかっただけなのです。でも、ひとりで渡れる訳もなく、海のワニを騙しました。

「君たち、ぼくたち兎とどちらの数が多いか、比べっこしてみないか？　仲間を集めて隠岐《おき》の島から気多《けた》の岬まで一列に並んでみてよ。僕《ぼく》がみんなの背中の上を走りながら数えてみるからさ。」

私はワニたちを一匹ずつ数えながら走り、今まさにこちら岸に辿り着くという時に、思わず口走ってしまったのです。

「やった〜、海を渡れた〜！　ハハハ、バカだな、おまえたち騙されたんだよ〜。」

言うや否やこの通り、海のワニに皮を剥がされ丸裸にされてしまいました。あまりの痛さに泣いていると、たくさんの神様がやって来て、

「海水をたっぷり浴びて、山の上で風に吹かれりゃ治るよ。」

と教えてくれたのですが……ひ〜〜っ、こんなにひどい事に……。」

「そうか、すぐに真水で身体を洗って、水門の所に咲いている蒲《がま》の黄色い花粉を地面に散らすんだ。その上を転げ回ってごらん。」

兎は大穴牟遅神《おおなむぢ》に教えられた通りにしてみました。すると、本当に燃えるような痛みが取れたのです。

この兎、稲羽《いなば》の兎と言い、兎神《うさぎがみ》とも言われています。

「どうもありがとうございました。あなたの兄弟、あの八十神《やそがみ》たちは、八上比賣《やがみひめ》を娶《めと》ることなんてできませんよ。今はそんなに大きな袋を背負わされていますが、あなたさまこそ姫を娶《めと》られる方ですから。」

兎の言う通りでした。八上比賣《やがみひめ》は八十神《やそがみ》たちの結婚の申し込みに、

「せっかくですが、私はあなた方の兄弟、大穴牟遅神《おおなむぢ》に嫁がせて

頂きます。」

と、きっぱりとお答えになったのです。

大穴牟遅神《おおなむぢ》は兄弟の中で最も美しい青年でした。そして、何があっても何を言われても、いつも素直で笑顔を絶やさぬ正直者でした。それだけでも腹が立つのに……、

「まさか、あんなおっとり者の大穴牟遅《おおなむぢ》に?!」

怒った八十神《やそがみ》たちは、大穴牟遅神《おおなむぢ》を殺してしまおうと相談しました。


一行が、伯耆《ほうき》の国の手間山《てまのやま》の麓まで来た時のことです。

「この山には赤い猪《いのしし》が住んでいるそうだ。我らが山の上からいっせいに追いつめるから、大穴牟遅《おおなむぢ》、おまえは麓で待ち受けて、そ

の赤い猪を捕《つか》まえるのだ。もし捕まえそこねたら、必ずその場でおまえを殺すからな。」

そう言うと八十神《やそがみ》たちは、猪の形をした大きな岩を火で焼いて真っ赤にし、山の上から転げ落としました。下で待っていた大穴《おおな》牟遅《むぢ》神は、その炎を上げる真っ赤な岩をてっきり猪と思い込み、追い掛け、抱き留め、なんと焼かれて死んでしまいました。

それを知った母神の刺国若比賣《さしくにわかひめ》は、あまりの悲しさに高天原の神産巣日神《かみむすひ》に事の次第を話しました。すると突然、貝の女神たち（注26）が現れて貝殻を削《けず》った粉を蛤《はまぐり》の汁で乳のように溶き始めました。そしてそれを、炎にただれた大穴牟遅《おおなむぢ》神の身体に塗りはじめると、見る見るうちに麗しい姿となって生き返ったのです。

これを見た八十神《やそがみ》たちは益々腹を立て、今度は大穴牟遅《おおなむぢ》神を山に連れて行きました。

「あれ～、この大きな木の洞《ほら》に何かいるようだな。大穴牟遅《おおなむぢ》、ちょっと中を見てくれないか。」

斬り倒された大きな木の割れ目には、楔《くさび》が打ち込まれています。大穴牟遅神《おおなむぢ》が言われるままにその割れ目に入ると、途端に楔《くさび》が引き抜かれ、今度は木に挟み込まれて死んでしまいました。

そんな哀れな息子の姿を見つけたのは、やはり母神でした。その木を裂いて必死になって我が子を救い出し、声を限りに名前を呼ぶと、大穴牟遅神《おおなむぢ》はなんとかまた息を吹き返す事ができました。

「あなたは何故こんな目に遭うのでしょう。このままだと本当にいつか殺されてしまいます。木の国の大屋毘古神《おおやびこ》の所へ逃げなさい。」

大穴牟遅《おおなむぢ》神は、早速、木の国を目指します。ところがそれを知った八十神たちはすぐにまた矢をつがえて追い駆けて来ました。

大屋毘古《おおやびこ》神は、木の枝を四方八方に伸ばし大穴牟遅《おおなむぢ》神を覆い隠すと、

「そなたの先祖である建速須佐之男《たけはやすさのを》命のいる根堅州国《ねのかたすくに》に行くと良い。必ずその大神《おおかみ》が取り計らってくれるだろう。急げ！」

そう言って、木の俣を潜《くぐ》り抜けさせ逃がしてくれたのです。

根堅州国《ねのかたすくに》とは、あの須佐之男命が治める地下の世界です。ここ

も黄泉の国、一旦入ってしまうと地上に戻れるかどうか分からない世界です。大穴牟遅神《おおなむぢ》は、命懸けで六代前の先祖・須佐之男命に教えを乞いに行くのです。

ところが、しばらく行くと、須佐之男命より先に娘の須勢理毘賣《すせりびめ》（注27）と出会いました。すべてを受け入れてくれる、そんな澄んだ瞳の美しい姫でした。二人は目が合った途端に魅かれ合い結婚をします。

須勢理毘賣《すせりびめ》は大穴牟遅神《おおなむぢ》を連れて御殿に引き返し、須佐之男命に報告します。

「父君、大穴牟遅神《おおなむぢ》という麗《うるわ》しいお方がいらっしゃいました。」

「その者は葦原色許男《あしはらのしこを》という名前だ！」

須佐之男命は吐き捨てるようにそう言うと、大穴牟遅神《おおなむぢ》を蛇がうごめく暗い牢《ろう》のような部屋に入れてしまいました。

その夜、須勢理毘賣《すせりびめ》が「領布《ひれ》（注28）」という布をこっそり持って来てくれました。

「もし蛇に襲われそうになったら、この布を三度《みたび》振って打ち払《はら》って下さい。」

大穴牟遅神《おおなむぢ》が教えられた通りにしてみると、不思議な事にそれまで鎌首を上げていた蛇たちは急に静かになり、なんとか落ち着いて眠る事が出来ました。

あくる夜、今度は百足《むかで》が這い回り、蜂《はち》が飛び交う部屋に通されました。するとまた須勢理毘賣《すせりびめ》が「領布《ひれ》」を持って来てくれたので、教えられた通りに三度《みたび》振ると、やはりぐっすりと眠る事が出来ました。

ところが、「あの野原だ。」今度は野原に飛ばされた鏑矢《かぶらや》を取って来いと言うのです。そこは遥か彼方まで広がる葦枯《あしが》れの野でした。大穴牟遅神《おおなむぢ》が葦《あし》の中に分け入って行くと、突然どこからか火が放たれました。強い風に煽られ、たちまち火は回り、大穴牟遅《おおなむぢ》神が立ち上る炎に囲まれて出られないでいると、一匹の鼠が足元に現れました。

「内はほらほら、外はすぶすぶ。」

「内？」

「内はほらほら、外はすぶすぶ。」

「そうか、この下に洞穴《ほらあな》があるのか。」と、そこを踏むや否やドスンッと穴に落ち、火は瞬く間に頭の上を走り過ぎて行きました。

しばらくすると、先ほどの鼠が、漂う煙の中から一本の矢を咥《くわ》えて出て来ました。鼠の子供たちが羽をかじってしまったのでしょうか？　ボロボロになっていますが、どうやら探していた鏑矢《かぶらや》のようです。（注29）

「これがお探しの矢でしょうか？」

大穴牟遅神《おおなむち》が鼠《ねずみ》から受け取った鏑矢《かぶらや》を差し出すと、さすがの須佐之男命も驚き、やっと家に招き入れてくれる事になりました。

ところが、またまた「頭の虱《しらみ》を取ってくれないか？」と大広間に連れて行かれます。よく見ると須佐之男命の頭には虱《しらみ》ではなく百足《むかで》がたくさん這っていました。さすがの大穴牟遅神《おおなむち》も手を出せずにいると、傍《そば》にいた須世理毘賣《すせりびめ》が、椋《むく》の実と赤土をそっと手渡してくれました。

「この黒い木の実と赤土を一緒に咬《か》んで吐き出せば、父はあなたが百足《むかで》を咬み殺していると思うでしょう。」

大穴牟遅神《おおなむぢ》が言われた通りにしてみると、須佐之男命はそれを見て満足したのか、いつの間にか気持ち良さそうに眠り込んでしまいました。

この時とばかり、大穴牟遅神《おおなむぢ》は、須佐之男命の長く伸びた髪を柱に結び付け、五百人がかりで引いてきたと思えるような大きな岩で広間を塞《ふさ》いでしまいました。

そして須世理毘賣《すせりびめ》を背負い、須佐之男命の大刀《たち》と弓矢、そして琴を持って逃げ出しました。ところが、あわててその琴を木の枝にひっかけてしまい、凄い音が辺りに響き渡りました。

「ジャゴーン！」

目を覚ました須佐之男命は、すぐに二人を追い駆けようとしますが、柱に結わえられた髪で上手く動けません。とうとう力任せに広間ごと引き倒し、現世との境にある黄泉比良坂《よもつひらさか》まで追い駆けて行きました。

「良いかぁ、大穴牟遅《おおなむぢ》。その大刀《たち》と弓矢で、おまえを苦しめた兄弟たちを追い払え。そして「和」を心とする国を作れ。おまえが大国主神《おおくにぬし》となって、我が娘・須世理毘賣《すせりびめ》を娶《めと》り、宇迦《うか》の山（注30）の麓に太い宮柱《みやばしら》を地中深くから掘り立て、千木《ちぎ》（注31）が空高くそびえる立派な御殿を造って、二人で住まうのだぞ。こやつめ〜！」

こうして大穴牟遅《おおなむぢ》神、改め大国主《おおくにぬし》神は、その大刀《たち》と弓矢で八十《やそ》神《がみ》たちを追い払い、国作りを始めます。

どんな時にも慈しみを持ち、自分の事は後回し。不平不満を一切口にする事もなく、人の言われるままに素直に生きて来た大国主神。でもこれからはすべて自分で決めなければなりません。心優しい大国主神にとって、国作りの大変さは想像を超えたものでした。

「おい、おい。……おい、おい。」

ある日、波打ち際を歩いていると、ガガイモの舟に乗った小さな小さな神に声を掛けられました。

「君は誰だい…？……君は誰だい？」

何度聞いても口を一文字にして名乗りません。情報通のヒキガエルの谷グクに聞くと、

「ググク…さあ、知らんな〜。クエビコなら知ってるかもよ。」

クエビコとは山田の案山子《かかし》の事です。クエビコは歩く事は出来ませんが、世の中の事をよく知っています。「ああ、それは神産《かみむ》巣日神《すひのかみ》の御子《みこ》ですね。あまりにやんちゃなものだから、神産巣日《かみむすひ》神の指の間からこぼれ落ちちゃったという、少名毘古那命《すくなびこなのみこと》ですよ。」

この少名毘古那命《すくなびこな》（注32）は、一寸法師のお話の元になったと言われる神さまで、農耕や土地の開墾に詳しく、豊穣《ほうじょう》をもたらす神でした。そのおかげで肥沃な土地が徐々に増え、人々も潤い始めます。ところが自分で育てた粟《あわ》によじ登り、ゆさゆさと揺らしながら実を落としている時に、なんと粟の穂に弾かれて常世《とこよ》の国まで飛んで行ってしまいました。「お、お、お〜〜〜ぃ。」

常世とは、海の彼方にある不老不死の国。もう二度と会う事はないでしょう。いたずら好きでワンパクな少名毘古那命《すくなびこな》。大国主神にとっては生まれて初めての親友でした。共に歩んで行く筈の大切な友でした。

周りを見渡せば、未だに荒らぶる神々が至る所で富と権力を奪い合っています。「和」を心とする国作りなど、まだまだ遠い世界の事のように思えました。

「……この先、たったひとりで国作りなど出来るのだろうか。」

出雲《いづも》の国の美保《みほ》の岬で、ひとり海を眺めている時の事でした。

突然、目の前の碧《あお》い海が消えてなくなるほどの眩しい光が現れ、声が聞こえて来ました。

【ひとりではない。私はいつも共にいた】

その声は、まるで自分の中から聞こえて来るようです。

【私を信じれば、国作りはできる】

眩しい光は身体を貫ぬくほどの喜びに満ち溢れ、いくら瞼を閉じようと一向に消える気配がありません。そして慈愛に満ちたその言葉に、ただただ涙が溢れてきました。

大国主神はこの神さまを山の頂に祀り（注33）、平和で安寧な国作りを心から誓うのでした。

一方、天照大御神《あまてらすおおみかみ》は葦原中国《あしはらのなかつくに》が心配でなりませんでした。どうやらあの荒くれ者の弟・須佐之男《すさのを》命の子孫・大国主神《おおくにぬし》が、葦原中国《あしはらのなかつくに》を治め始めたようです。

でも遥か昔から、政《まつりごと》はすべて天つ神と八百万《やおよろず》の神とで相談して行って来ました。ひょっとしたら国つ神（注34）の大国主神は、たったひとりで国を平定しようとしているのかも知れません。

「やはり葦原中国は、我が御子・忍穂耳《おしほみみ》命が治めるべきではなかろうか。」

天之忍穂耳《あめのおしほみみ》命は、須佐之男命とのあの誓約《うけい》で最初に授かった御子《みこ》です。ところが、忍穂耳《おしほみみ》命は天の浮橋まで様子を見に行くと、すぐに引き返して来てしまいました。

「おそれながら、葦原中国《あしはらのなかつくに》はたいそう騒がしいと思われます。」

早速、天照大御神《あまてらすおおみかみ》は、天安河《あめのやすかわ》の河原に思金《おもいかね》神と八百万《やおよろず》神を集めて尋ねます。

「葦原中国は、我が御子の治めるべき国と申し付けました。でもこの国には荒らぶる神々が多くいるようです。どの神を遣《つか》わせ、彼らを説得させたら良いのだろうか。」

すると思金《おもいかね》神と八百万《やおよろず》神々は、

「忍穂耳命《おしほみみ》の弟君・菩卑能命《ほひの》に、まずは行って頂いたらいかがでしょう。」と言います。

ところが、遣わせられた天之菩卑能命《ほひの》は本来の使命を忘れてしまったのか、三年経っても報《しら》せを寄こしません。

「……でしたら天津国玉神《あまつくにたま》（注35）の御子《みこ》、若日子《わかひこ》を遣わせたらいかがでしょう。」

そこで今度は天若日子《あめのわかひこ》に、天つ神の遣《つか》いの証《あかし》として「弓と矢」を持たせて送り出したのですが、天若日子《あめのわかひこ》も葦原中国《あしはらのなかつくに》に降《くだ》ってすぐに大国主神の娘と結婚し、八年経っても帰って来ないのです。

「……ならば雉《きじ》の鳴女《なきめ》を遣わせたらいかがでしょう。」

天照大御神は、直接雉《きじ》の鳴女《なきめ》を呼んでこう言いました。

「若日子《わかひこ》の所へ行って、聞いて来て欲しいのです。『葦原中国に遣わせたのは、荒ぶる神々を説得し国を平定する為です。何故八年も帰らないのか、その理由を聞かせて欲しい』と。」

鳴女《なきめ》は天若日子《あめのわかひこ》の家に天降《あまくだ》ると、庭先の楓《かつら》の木に止まり、何故高天原《たかまのはら》に帰って来ないのかを懸命に訊《たず》ねてみました。ところが、

「もうなんて嫌な鳴き声。不吉です。若日子さま、あの鳥を殺してしまいましょう。」

「本当だ、なんとうるさい鳥だ。」

従者の天之佐具賣《あめのさぐめ》(注36)にそそのかされた天若日子《あめのわかひこ》は、なんと天つ神から賜った弓と矢を持ち出し、鳴女《なきめ》を射殺《いころ》してしまったのです。

その矢は鳴女《なきめ》の胸を貫き、天高く天安河《あめのやすかわ》の河原まで飛んで行き

ました。

見ると矢羽に著しく血が付いています。

「……この矢は若日子《わかひこ》に授けた物……。この矢が悪しき者を射た物であれば若日子には当たるな。しかし、もし邪《よこしま》な心で射たのであれば、若日子、この矢に当たって死ぬのだ。」

天照大御神《あまてらすおおみかみ》はそう言って葦原中国《あしはらのなかつくに》めがけて突き返して見せました。すると、一瞬にしてその矢は、眠っている天若日子《あめのわかひこ》の胸に深く突き刺さり死んでしまったのです。

「いったい誰を遣わせば良いのか。」

天照大御神《あまてらすおおみかみ》は、さすがに困り果ててしまいました。

「こうなったら十挙剣《とつかつるぎ》の御子《みこ》・建御雷神《たけみかづち》を遣わせるべきです。」

そこで、今度こそはと伊邪那岐《いざなぎ》さまの剣《つるぎ》の御子・建御雷神《たけみかづち》（注

37）が遣わされる事になりました。

出雲の国に降《くだ》った建御雷神《たけみかづち》は、早速剣《つるぎ》を抜くと海に逆さに刺し、その切《き》っ先に胡坐《あぐら》をかいて座りました。まさしく命懸け、死を覚悟の上で大国主神《おおくにぬし》に尋ねます。

「私は天照大御神《あまてらすおおみかみ》の仰せによって参りました建御雷《たけみかづち》と申します。あなたの治めている葦原中国《あしはらのなかつくに》は、天照大御神の御子《みこ》が治めるべきではないかとおっしゃられている。あなたはどうお考えでしょうか。」

「恐れながら年寄りの私よりも、我が御子・八重事代主《やえことしろぬし》（注38）がお応えするでしょう。しかし、今は鳥や魚を捕るために美保の岬に行っていて、まだここには帰って来ておりません。」

そこで建御雷神は、迎えを遣わせ、八重事代主神《やえことしろぬし》を呼び戻しました。

「かしこまりました、父上。この国は天つ神の御子に奉《たてまつ》りましょう。」

八重事代主神《やえことしろぬし》はそう言うと、すべてを心得ていたかのように天《あめ》の逆手《さかて》という柏手《かしわで》を打つと、乗って来た船ごとあっという間に見えなくなってしまいました。

「あなたの御子はあのように申されたが、まだ聞かねばならぬ方がお有りですか。」

「もうひとり、建御名方《たけみなかた》がいます。この者を除けば他の御子らは何も申さず従うでしょう。」

するとそこに、その建御名方神《たけみなかた》が、とてつもなく大きな岩を頭の上に掲げて現れました。

「誰だ、我が国に来てこそ物を言っているのは。どうだ、力を競い合おうじゃないか。手を出せ。」

そう言って建御雷神《たけみかづち》の手を掴《つか》みました。するとその手は見る見るうちに氷柱《つらら》のように尖《とが》って、次の瞬間、剣《つるぎ》の刃《やいば》となりました。

「げぇ〜〜?!」建御名方神《たけみなかた》があわてて建御雷神《たけみかづち》の手を離すと、今度は逆に自分の手を取られて葦《あし》のように握り潰され、あっという間に投げ飛ばされてしまいました。

そしてとうとう信濃の国の諏訪湖のほとりまで追い詰められ、平伏《ひれふ》します。

「ど、どうか私の無礼を許してくれ。殺さないでくれ。父や兄の言う事も聞くし、この地から二度と外には出ぬ。この葦原中国《あしはらのなかつくに》は、仰せの通り天つ神の御子《みこ》に献上させて頂く。」（注39）。


出雲に引き返した建御雷神《たけみかづち》は、大国主神に改めて聞きます。

「八重事代主神《やえことしろぬし》も建御名方神《たけみなかた》も、天つ神の仰せに従うと申されました。大国主さま。あなたのお考えはどうなのでしょうか。」

「私の御子《みこ》らがそう申すのなら、もちろん異存はありません。この葦原中国《あしはらのなかつくに》は仰せの通りすべて天つ神さまに献上致します。ただ、天つ神の御子《みこ》が皇位をお継ぎになる宮殿のように、地中深くから太い宮柱《みやばしら》を建て、大空に千木《ちぎ》を高々とそびえさせる立派な神殿を、この出雲《いづも》の地に造ることをどうかお許し下さい。いかなる時も皆天つ神さまと共にある事を知れば、荒らぶる神々も、葦原中国の人々も、平安に暮らし、和を心とする事ができるでしょう。その為でしたら私は喜んで身を引かせて頂きます（注40）。」

思えば、伊邪那岐《いざなぎ》さまと国作りを始めてから、随分長い時が経ちました。

すべての物の中には天之御中主《あめのみなかぬし》さま＝天つ神さまが宿っていらっしゃいます。でも皆時が経ちますと、それをどうしても忘れてしまい自分の事だけで精いっぱいになってしまう。

天照大御神《あまてらすおおみかみ》はこの事を心配なさっていたのです。大国主神も、実はその辺のところをよくお分かりになっていたのでしょう。

事を荒げず国を譲られ、後に天孫降臨《てんそんこうりん》、邇邇芸命《ににぎのみこと》が天降ること
になります。

この世は鏡。
知識や権力、財力を身に着け、
自分さえ良ければという傲慢なその姿を映すのか。
それとも、それらを祓い、澄み切った清らかな御魂《みたま》を映し出し、
日々それを磨いて生きて行くのか。
千三百年も前に書かれた物語。
物の背後にある「いのち」の物語。
今日ここにお伝えできました事、幸いです。

（おわり）

注釈

1　天の浮橋とは天と地を繋ぐ為の天空に架かる橋。

2　自《おの》ずから凝り固まってできた島、淤能碁呂島《おのごろしま》。所在については諸説ありますが、私は地球を指しているのではないかと思っています。

3　陰《ほと》は女性の性器を表す言葉。

4　「つか」は長さの単位で、一握りの手の幅を言います。十握りの長さの剣。

5　「三種の神器（ジンギ・シンキ）」―邇邇芸命《ににぎのみこと》が降臨する時に天照大御神《あまてらすおおみかみ》から賜った、八尺鏡《やたかがみ》、草薙剣《くさなぎのつるぎ》、八尺瓊勾玉《やさかにのまがたま》を指します。

八尺《やた》（大きなの意味）鏡《のかがみ》は、天照大御神が天の岩戸に閉じこもった時に奉ったという鏡。伊勢神宮の内宮にご神体として奉斎され、模造の物が宮中の賢所に奉安されています。

草薙剣《くさなぎのつるぎ》は、須佐之男命が退治した八岐大蛇《やまたのおろち》の尾から出たと伝えられる剣。八尺《やさか》（大きなの意味）瓊勾玉《にのまがたま》は、八尺鏡《やたのかがみ》と同じく天照大御神が天の岩戸に閉じこもった時に奉ったという勾玉。

伊勢神宮

天照大御神《あまてらすおおみかみ》を祀る内宮《ないくう》（皇大神宮《こうたいじんぐう》）と、衣食住をはじめ産業の守り神である豊受大御神《とようけのおおみかみ》を祀る外宮《げくう》（豊受大神宮《とようけだいじんぐう》）をはじめ、125の宮社から成る大神宮です。

伊勢神宮

〒516－0023

三重県伊勢市宇治館町1

6　死者の世界の物を食することを黄泉戸喫《よもつへぐい》と言います。古代の埋葬は食物と共に埋められ、これを食すると死者は二度と蘇ることはないと考えられていたようです。

7　伊邪那岐神は「私を助けしが如く、葦原中国《あしはらのなかつくに》のあらゆる人々が苦しき瀬に落ち患《うれ》い悩《なや》む時に助くべし。（今私を助けたように、人々が苦しみ悩んでいる時には助けてあげて欲しい）」と言い、桃に意富加牟豆美命《おおかむずみのみこと》という名前を与えました。後にこの話から鬼退治をする桃太郎の話が生まれています。芝刈りと洗濯は祓《はらえ》を意味しているようです。(参：小野善一郎氏著『日本を元気にする「古事記のこころ」』青林堂刊)

8　神社でお祓いをして頂く時の祓詞《はらえことば》にこのくだりが読み上げられています。筑紫《つくし》の日向《ひむか》の橘《たちばな》の小門《おど》の阿波岐原《あはぎはら》という河原。禊祓《みそぎはらえ》とは、水の浄化力によって凶事や罪汚れを取り払い、儀礼や祝詞《のりと》などによって心身を浄めることです。

9　自分の命を懸けての追放でした。この後、伊邪那岐神は滋賀県近江国の多賀《たが》大社に鎮座します。「お伊勢参らばお多賀へ参れ、お伊勢お多賀の子でござる」と謳われ生命の親神さまとして親しまれています。

多賀大社

ご祭神・伊邪那岐神、伊邪那美神。
多賀大社
〒522－0341　滋賀県犬上郡多賀町多賀604

10　誓約《うけい》とは「コインの裏表で決める」といった占いのひとつ。あらかじめ決めた結果が現れるか否かで判断する方法。

11　宗像三女神《むなかたさんにょしん》と呼ばれ、福岡県宗像市の宗像《むなかた》大社に祀られています。古事記では須佐之男命の御子らとなっていますが、日本書記では天照御大神の御子らとなっています。ご祭神は沖ノ島の沖津宮《おきつぐう》、大島の中津宮《なかつぐう》、辺津宮《へつぐう》それぞれに祀られ、この三宮の総称を「宗像大社」と呼びます。
〒811－3505　福岡県宗像市田島2331

12　新嘗祭《にいなめさい》とは、その年に新しく採れた穀物を神に供えて奉る儀式。古くは11月下旬の卯の日に、現在は11月23日に行われています。

13　葦原中国《あしはらなかつくに》…葦原は葦の生い茂る原で稲の生育に適した国土。中国《なかつくに》は天上の高天原と地下の黄泉の国との中間にある国という意味です。

14　天之安河《あめのやすかわ》は天上にあるという川。または天の川を指します。その河原という意味です。

15　思金神（思兼神）…高御産巣日神《たかみむすひのかみ》の子とされる知恵の神。秩父神社（埼玉県秩父市）、戸隠神社（長野県長野市）、地主神社（京都市東山区）など。

16　香久山《かぐやま》は、畝傍山《うねびやま》・耳成山《みみなしやま》と並ぶ大和三山のうちのひとつ。天から降りて来た山として神聖視されています。

17　布刀玉命《ふとだまのみこと》…忌部《いむべ》氏（後に斎部氏）の祖とされ、占いの神、神事の神として信仰されています。天太玉命神社（奈良県橿原市）、大麻比古神社（徳島県鳴門市）など。

18 天児屋命《あめのこやねみこと》…春日権現《かすがごんげん》、春日大明神とも呼ばれ、中臣連《なかとみのむらじ》の祖神である事から、中臣鎌足を祖とする藤原氏の氏神として信仰されています。中臣神社（京都市山科区）、枚岡神社（大阪府東大阪市）、春日大社（奈良県奈良市）など。

19 天之手力男命《あめのたぢからを》…手の力の強い男神の意。戸隠神社（長野県長野市）、佐那神社（三重県多気郡）など。

20 天宇受賣命《あめのうずめ》…巫女神であり鎮魂祭に奉仕した猿女君《さるめのきみ》の祖神。芸能の祖とも言えると思います。

21 岩屋戸の前で行われたこの神事は現在の神社祭祀の原型と言われています。

22 肥河《ひのかわ》は、島根県東部を流れる斐伊川《ひいがわ》とされています。

23　草薙剣は、大蛇《おろち》の退治と同時に自分の異心も斬って祓い浄め、天つ神と一体となった象徴と考えられています。熱田《あつた》神宮のご神体は日本武尊です。

〒456－8585　愛知県名古屋市熱田区神宮1丁目1－1

24　島根県雲南市の須我《すが》神社。この宮を造った時に須佐之男命が詠んだ「八雲立つ 出雲八重垣 妻籠みに 八重垣作る その八重垣を」という歌は、日本の和歌の始まりと言われています。

ご祭神・須佐之男命、稲田姫（櫛名田比賣《くしなだひめ》）、清之湯山主三名狭漏《すがのゆやまぬしみなさろ》彦八島野《ひこやしまの》命《みこと》、武御名方命（建御名方《たけみなかた》神）。

須我神社

〒699－1205

島根県雲南市大東町須賀260

須我神社

25　稲羽八上比売《いなばのやがみひめ》命…売沼《めぬま》神社（鳥取県鳥取市）のご祭神。

26　赤貝を擬人化した女神・蚶貝比賣《きさがいひめ》と、蛤《はまぐり》を擬人化した女神・蛤貝比賣《うむがいひめ》。赤貝の殻を削った粉を蛤の汁で溶いた物を塗ると火傷に効くと考えられていたようです。

27　須勢理毘賣《すせりびめ》…本居宣長は大祓《おおはらえ》の時に神前で読み上げられる祝詞《のりと》・大祓詞《おおはらえのことば》の中の速佐須良比賣神《はやさすらひめのかみ》（罪汚れを祓う神）だとしています。出雲大社（島根県出雲市）の摂社大神大后神社、春日大社（奈良県奈良市）の末社夫婦大國社など。

28　領布《ひれ》=比礼《ひれ》…女性が首から肩に長く垂らし、呪力を持つと考えられた薄い白布。

29　鼠《ねずみ》は「根に住む」、地下に住むものという意味があります。昔話の『おむすびころりん』の由来になっているという説もあります。

30　宇迦の山…出雲大社の東北にある御埼山《みさきやま》。宇迦は穀物・食物の意味。

31　千木…屋根の両端の木が交差して、棟より上に突き出た部分。

32　少名毘古那命《すくなびこなみこと》…海の彼方にある永遠の世界・常世の国から訪れる農耕神。日本書紀では高御産巣日神《たかみむすひ》の子とされています。少彦名神社、北海道神宮（北海道札幌市中央区）など。

33　この神は大物主神《おおものぬしのかみ》として奈良県桜井市の三輪山《みわやま》・大神神社《おおみわ》に祀られています。日本書紀では「私はあなたの幸魂《さきみたま》・奇魂《くしみたま》です。」と自身を語っています。大国主神自身の魂とも解釈できます。

大神神社

ご祭神・大物主神《おおものぬしのかみ》、大己貴神《おおなむち》、少彦名神《すくなびこな》。
大神神社
〒633-0001
奈良県桜井市三輪1422

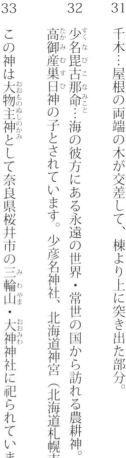

34　国つ神は、天つ神に対して日本の国土に土着する神（地神）。

35　天津国玉神《あまつくにたまのかみ》は、伊邪那美神が火の神を生んで苦しんでいる時の嘔吐物から生まれた金山毘古神《かなやまびこのかみ》の子。若日子は伊邪那美神のひ孫にあたります。

36　若日子の女従神。後世の天邪鬼《あまのじゃく》はこの天之佐具賣《あめのさぐめ》を由来としているそうです。

37　建御雷神《たけみかづち》…雷神、刀剣の神。鹿島神宮、春日大社など。

38　八重事代主神《やえことしろぬし》…八重は幾重にも重なるという意味。「コトシロ」は「言知る」の意味で、託宣を司る神。鴨都波神社（奈良県御所市）、賀茂神社（上賀茂神社・下鴨神社）など。

39　武勇を誇っていた建御名方神《たけみなかた》は諏訪《すわ》の聖地に鎮座します。勇猛な御柱祭で有名な長野県諏訪大社。ご祭神・諏訪大明神ともいわれる建御名方神《たけみなかた》とその妃・八坂刀売神《やさかとめ》。
〒392－0015　長野県諏訪市中洲宮山1

40

大国主命《おおくにぬしのみこと》と須勢理毘賣《すせりびめ》は出雲大社《いづもたいしゃ》に鎮座され、天照大御神の二番目の御子・天之菩卑能《あめのほひの》命《みこと》が宮司として遣わされたと言われています。

イザナミプロジェクト

伊邪那美神を祀る花窟《はなのいわや》神社にて

イザナミプロジェクトとは、特定の政治・宗教団体には属さず、独自に日本神話を語り継いで行こうというプロジェクトです。伊邪那美（イザナミ）は誘（いざな）み。意外に知られていない日本神話に多くの人をいざなう事を目的としています。この『日本神話イザナミ語り』は、私小山茉美が千三百年前に書かれた古事記を原文から翻訳し、〝イザナミ語り〟という読み語り用の台本として脚色したものです。既に色んな所で公演をさせて頂いていますが、プロ・アマチュアを問わず、他の方にも日本神話を語り継いで頂く為に本書を利用したワークショップも開いていきます。あなたもこのプロジェクトに参加してみませんか？

小山茉美による公演・ワークショップ情報　http://koyamamami.com
問合せメールアドレス　imoizanami@koyamamami.com
※本書使用による有料公演のみ、お手数ですがご一報ください。

あとがき

かつて、自由の天地と憧れていたアメリカに失望して、明治二十三年に来日しましたラフカディオ・ハーン（小泉八雲）は、わが国のごく普通の家庭の主婦が、祖先の霊とともに生きていることに驚きながら、やがて西欧の近代文明が行き詰まりを示す時に、それを救うものは、日本人の祖先とともに生きているという信仰であると述べたのであります。

明治時代の初めには多くの外国人が来日しましたが、ほとんどの方が日本人の風俗習慣の奥に隠れている「こころ」のうちを察することができなかったのです。しかしハーンは、その日本人の「こころ」のうちに日本人以上に深く分け入り、その真実を理解し感動した人であります。

その日本人の「こころ」のうちとは、私たちの肉体はいずれ死によって消えてしまいますが、その本体である御魂は決して亡びることなく、永遠に生き続けて子孫の幸せを見守っていると固く信じていたことです。これが霊魂不滅の信仰です。

本来の日本人の人間観は、私たちの「いのち」を父母祖先の「いのち」の延長と見ていたのです。私たちの「いのち」は、父母祖先の「いのち」と別個のものではないのです。そこには近代個人主義の一対一という対立の意識はなく、永遠の「いのち」に自分の「いのち」が融けてひとつになり、自分の「こころ」のうちに父母がいますと感じていたのです。

いま生きている私たちの「こころ」のうちに、父母、祖父母、曽祖父母、高祖父母をはじめ、常に先祖の「いのち」、神代以来のわが国一貫の「いのち」が生き続けているのであります。その一貫の「いのち」を君臣（天皇と国民）ともに、我欲我見の異心を祓って、祓って守ってきたのがわが国の国柄です。

何よりもその大事について説話を通して伝えているのが、『古事記』上巻（神代巻）です。ですから、わが国の神様、わが国一貫の「いのち」を本当に知るためには、客観的対象のみの考察では難しいのです。それは、初めから天地の神々に包まれて、その中で私たちは生かされて生きているからです。まさに体認の世界なのです。

つまり、神代の神々の古伝承を本当に理解するためには、私たちの客観的視座からでなく、同じ神々の視点から考察することが極めて大事なのであります。

この度の小山茉美氏の高著『日本神話イザナミ語り』は、ご自身のワンネス（ＯＮＥＮＥＳＳ）という体験を通した視座からの日本神話の読み語りです。まさに古い伊勢神道の心神思想と同質の視点と言えるでしょう。

本書によって多くの方々が、私たちの先祖が伝承してくれた日本民族の神話を知るとともに、願わくば私たち一人ひとりが、自分自身と向き合い、その心のうちに初めから与えられているわが国一貫の「いのち」を取り戻すことに繋がることを強く念じております。

小野　善一郎

平成二十八年七月吉日

謝辞

28年前、バリから帰った私は「oneness」という一冊の本を書きました。色んな出版社に出版を申し入れたのですが「何が言いたいのか分からない。」と一笑されてしまったのを覚えています。当時は（きっと早すぎるのね）と勝手に思い込んでいたのですが、今振り返ってみると、私自身にまだ準備ができていなかったのだと思います。子供の頃から不思議な体験を頻繁にしていましたし、実際にUFO話、古代文明話、精神世界話、いわゆる人文科学が大好きでした。でも世の中に「変な人」と思われるのが、きっとどこかで怖かったのだと思います。

今では「古事記」という先人たちが遺していってくれた叡智と出逢って、随分考え方が変わりました。ニューエイジどころか私は超太古エイジだった、と言えるほどの共感。それが支えになっています。これからも自信を持ってお伝えしたいと思っています、私たちの原点・和の心（oneness）を。

尚、『日本を元気にする「古事記のこころ」』（青林堂）との出会いがなければ、このイザナミプロジェクトの発足は有り得ませんでした。最初にこの書をご紹介して下さってプロジェクトの活動も支援して下さる日本文化興隆財団事務局長の佐久間宏和さんと副事務局長の新藤英子さんに、そして快く、忍耐強く、監修・ご指導下さいました著者の小野善一郎氏に心より感謝し御礼申し上げます。

またいつもインスピレーションを与えてくれる古き良き友、赤塚高仁さん、姫乃宮亜美さん、林崎由美子さん。エールを送って下さる恩師・松本喜臣先生と劇団の後輩たち、服飾デザイナーの山内光子さん、文化庁の鈴木仁也さん、コーディネーターの小笠原陽子さん、そしてなんと言っても、私の家族の協力がなければこのプロジェクトは立ち上げられませんでした。本当に、本当に感謝しております。

今のところプロジェクトのメンバーは特定しておりません。また団体として構成していくつもりもございません。この考えに共感を覚えて下さった方、またご協力下さった方、いつの間にか巻き込まれてしまった方、すべてがメンバーだと思っています。この本を手に取られたあなたも、この瞬間からメンバーです。この読み語り用の『日本神話イザナミ語り』を利用して、多くの方に「和の心」を伝えて頂けましたら幸いです。

古事記の原文から翻訳を始めてから早二年。たどたどしい文章を何度も書き直し第十五稿まで書き上げても、余りある深い世界。色んな制約のある中で、私のわがままにお付き合い下さり、そしてこうして書籍として世に送り出して下さった株式会社青林堂取締役の渡辺レイ子さんのご尽力に心より御礼申し上げます。

平成二十八年七月吉日

小山茉美

《朗読用本文監修》

小野善一郎氏：福島県出身　元・国務大臣秘書官　現・湯島天満宮権禰宜　國學院大學兼任講師・博士（神道学）

《主な参考文献》

小野善一郎氏著『日本を元気にする「古事記のこころ」』（青林堂）『「古事記のこころ」伊勢神道の視点から』（ぺりかん社）『あなたを幸せにする大祓詞』（青林堂）
次田真幸氏訳『古事記（上）』全訳註（講談社学術文庫）
倉野憲司氏校注『古事記』（岩波文庫）
宇治谷孟氏訳『日本書紀（上）』全現代語訳（講談社学術文庫）
神社検定　公式テキスト2『神話のおへそ』（扶桑社）
竹田恒泰氏著『現代語古事記　神々の物語』（学研M文庫）
出雲井晶氏著『朗読用「日本の神話」古事記神代の巻』（戎光祥出版）
松谷みよ子氏著『日本の神話』（のら書店）
池澤夏樹氏訳『古事記』（河出書房新社）
スーパー大辞林3・0（三省堂）、広辞苑（岩波書店）、古事記関係ウェブサイト

《小山茉美（こやままみ）プロフィール》

愛知県西尾市出身。劇団シアター・ウィークエンド創立一期生（ロンドン、ハワイ、シアトルなどの海外公演にも参加）。現・青二プロダクション所属タレント。

１９７３年ＮＨＫラジオドラマ・芸術祭参加作品『16歳のかくれんぼ』（山田太一氏脚本）の主演に抜擢され、同年制作のＮＨＫテレビドラマ『キヨコは泣くもんか』のレギュラー出演で本格デビュー。１９８２年から各社声優人気投票で3年連続グランプリを獲得。『ニルスのふしぎな旅』ニルス役、『Dr.スランプ・アラレちゃん』アラレ役、『魔法のプリンセス　ミンキーモモ』モモ役、『チャーリーズ・エンジェル』クリス役、最近では『名探偵コナン』ベルモット役、『ブラック・ラグーン』バラライカ役、『ＮＡＲＵＴＯ』大筒木カグヤ役、『デスパレートな妻たち』メアリー・アリス役など、数々のアニメや洋画を吹き替える声優、またドキュメンタリーや報道番組などのナレーターとしても定評があり、多くの受賞作品で知られる。

２０１５年、日本神話を語り継ぐための「イザナミプロジェクト」を立ち上げる。

詳細 [http://koyamamami.com]

小山茉美の
「日本神話　イザナミ語り」

平成二十八年七月八日　初版発行

著　者　小山茉美
発　行　蟹江磐彦
発行所　株式会社　青林堂
〒一五〇－〇〇〇二　東京都渋谷区渋谷三－七－六
電話　〇三－五四六八－七七六九
装　幀　伊藤　史＋スピーチバルーン
編集協力　株式会社　ぷれす
印刷所　中央精版印刷株式会社
Printed in Japan

ISBN 978-4-7926-0555-1

http://www.garo.co.jp